AF395217

I

# BREF DE CLEMENT IX.
## AU ROY.

**Cariſſimo in Chriſto Filio noſtro Ludovico Regi Chriſtianiſſimo.**

*A nôtre trés-cher Fils en Jeſus-Chriſt LOUIS Roy trés-Chrétien.*

*CAriſſime in Chriſto Fili noſter, ſalutem & Apoſtolicam benedictionem. Quam infixa eſt æque cordi ac officio debitoque noſtro, de conſervanda Catholicæ Religionis per univerſam Eccleſiam unitate, impenſa cura & ſollicitudo ; tantâ ſanè cum lætitiâ cognovimus in SIMPLICI AC PURA SUBSCRIPTIONE FORMULARII quatuor illorum Epiſcoporum obedientiam & obſequium : à quo profectò magis nos juvat ad clementiam invitari quàm ad ſeveritatem rigoris à contumaciâ compelli. Quare majeſtatis tuæ in re ſtatim nuntiandâ & inſigni gratulatione proſequendâ, ſtudium & amorem incomparabili cum gaudio animique grati mutuâ reſponſione pervidimus. Libenter quoque ex ejuſdem majeſtatis tuæ litteris, & expoſitione dilecti filii Magiſtri de Bourlemont, intelleximus venerabilem fratrem Archiepiſcopum Thebanum Nuncium Apoſtolicum, in executionem mandatorum noſtrorum accerſitum operam impendiſſe. Sed in primis & ante omnia admirabilem zeli tui præſtan-*

NOtre trés-cher Fils en J. C. ſalut & benediction Apoſtolique. Autant que nous avons à cœur, ainſi qu'il eſt de nôtre devoir, d'entretenir avec tout le ſoin & toute l'application poſſible la paix & l'union dans toute l'Egliſe, autant avons-nous eu de joïe d'apprendre que les quatre Evêques dont il s'agiſſoit, ſe ſont ſoumis à la SOUSCRIPTION PURE ET SIMPLE DU FORMULAIRE : ſoumiſſion par laquelle nous ſommes beaucoup plus aiſes de nous voir excités à uſer de clemence, que d'être contraints par leur deſobéiſſance à uſer de rigueur. C'eſt pourquoy nous avons vû avec une conſolation indicible, & une égale reconnoiſſance le ſoin & l'empreſſement qu'a eu Vôtre Majeſté pour nous en donner auſſi-tôt la nouvele avec des marques éclatantes de la joye qu'elle en reſſentoit. Nous avons encore eu bien du plaiſir d'apprendre par les Lettres de Vôtre Majeſté, & par le rapport de nôtre cher Fils Monſieur de Bourlemont, que nôtre vénérable Frere l'Archevêque de Thebes Nonce Apoſtolique, étant invité de prendre part à cette affaire, il y ait travaillé en execution de *ziam & sanctæ Religionis ardorem in præsenti quoque negotio vel maximè cognoscimus & unicè amplectimur. Tùm ab eo, etsi minimè par esse videmus, tamen pro rei gravitate & muneris nostri partibus exigentibus, summoperè petimus, ut autoritate Regiâ effici velit, ut rei tantæ, & non minùs ad publicas regni rationes quàm ad ipsius religionis incolumitatem attinenti, si quid remaneat, suprema manus imponatur; & omnibus sanctæ fidei rationibus extendendis quoque ac propagandis, pio ac potenti Majestatis tuæ brachio Consulatur; uti pleniùs idem Nuncius coram edisseret. Cæterùm consiliis inclitis ac Religiosis tuis præclaras & assiduas novæ gloriæ accessiones & omnis felicitatis jugia incrementa à Retributore divino precamur, Apostolicâ Benedictione ex omni animo Paterno amantissimè impertitâ. Datum Romæ apud sanctam Mariam Majorem sub annulo Piscatoris die 28. Septembris 1668. Pontific. nostri anno 2°.*

nos ordres. Mais sur tout & avant toutes choses, nous reconnoissons en cette occasion autant ou plus qu'en aucune autre, & nous regardons avec une affection singuliere le zele admirable de Vôtre Majesté, & son ardent amour pour nôtre sainte Religion. Aprés quoi considerant l'importance de la chose, & ce qu'exige de nous le devoir de nôtre charge; nous conjurons Vôtre Majesté par ce même zele, s'il reste encore quelque chose à achever, d'employer son autorité Royale pour faire qu'on mette la derniere main à un si grand ouvrage, qui ne regarde pas moins l'interest de l'Etat que la seureté de la Religion, & d'employer en même tems son bras aussi pieux que puissant pour procurer d'ailleurs en toute maniere les avantages & la propagation de la Foy Catholique. Surquoy nôtredit Nonce s'expliquera plus au long de vive voix à Vôtre Majesté.

Du reste, en vous donnant avec une affection & une tendresse toute paternelle nôtre Benediction Apostolique, nous supplions le divin Remunerateur de couronner vos grandes & religieuses entreprises d'un glorieux succés, & de vous accorder un accroissement continuel de toutes sortes de prosperités. Donné à Rome dans l'Eglise de sainte Marie Majeure sous l'Anneau du Pescheur, le 28. de Septembre 1668. la 2. année de nôtre Pontificat.

# ARREST

## DU CONSEIL D'ETAT DU ROY,

Pour la pacification des troubles caufez dans l'Eglife au fujet du Livre de Janfenius.

*Extrait des Regiftres du Confeil d'Etat.*

LE ROY ayant été informé par le Bref que nôtre faint Pere le Pape a écrit à Sa Majefté du 28. du mois de Septembre dernier , & par la vive voix du Sieur Archevêque de Thebes fon Nonce ordinaire auprés d'Elle; que fa Sainteté eft demeurée pleinement fatisfaite de l'obéïffance que les Sieurs Evêques d'Alet, de Paniers , d'Angers, & de Beauvais ont renduë aux Conftitutions des Papes Innocent X. & Alexandre VII. des 31. du mois de May 1653. & 16. Octobre 1656. tant par la fignature fincere qu'eux-mêmes ont faite , & qu'ils ont ordonnée dans la convocation de leurs Synodes à tous les Ecclefiafti-ques de leurs Diocefes, du Formulaire de foi inferé dans la Conftitution du même Pape Alexandre VII. du 15. de Fevrier 1665. que par les Lettres que lefdits Sieurs Evêques ont écrites au même mois de Septembre dernier à fa Sainteté pour l'affurer de leur foûmiffion aufdites Conftitutions, & qui ont porté fa Sainteté à vouloir bien oublier tout ce qui s'eft paffé jufqu'ici pendant les dernieres conteftations : Comme auffi ledit Sieur Nonce aïant témoigné à Sa Majefté que nôtredit faint Pere defiroit inftamment de fa pieté & de fon zele accoûtumé pour le bien de la Religion, la paix de l'Eglife , & le maintien de l'union entre tous les Fidéles , que Sadite Majefté eût agreable d'employer forte-ment fon autorité Royale , pour empefcher que ces mêmes conteftations, qui ont agité l'Eglife de France depuis quelques années à l'occafion de la condam-nation du Livre de Janfenius , intitulé *Auguftinus*, ne puiffent fe renouveller en quelque maniere que ce foit. Sa Majefté voulant y pourvoir , & feconder les faintes & pieufes intentions de nôtre faint Pere , & donner moyen à l'Eglife de profiter avantageufement de la Paix que fa Sainteté a eu la bonté d'y rétablir : LE ROY ETANT EN SON CONSEIL , a ordonné & ordonne que lefdites Bulles & Conftitutions cy deffus énoncées , continuëront d'être inviolablement obfervées & executées en toute l'étenduë de fon Royaume , Païs, Terres & Seigneuries de fon obeïffance: Exhorte, & neanmoins enjoint à tous les Archevêques & Evêques de fondit Royaume d'y veiller , & tenir foigneufe-ment la main. Ordonne que les contraventions & inéxecutions faites aufdites

* ij

Conftitutions, & à la Declaration de Sa Majefté du mois d'Avril 1665. demeureront comme non avenuës, fans qu'elles puiffent être jamais renouvellées par qui que ce foit, & fous quelque prétexte que ce puiffe être. A fait & fait inhibitions, & défenfes à tous fes Sujets de s'attaquer ni provoquer les uns & les autres, fous couleur de ce qui s'eft paffé, ufant des termes d'*Hérétiques*, *Janféniftes*, & *Semi-pelagiens*, ou de quelqu'autre nom de parti; ni même d'écrire & publier des Libelles fur lefdites matieres conteftées, ni de bleffer par des termes injurieux la reputation d'aucun de ceux qui auront foufcrit ledit Formulaire de Foy par les ordres de leurs Archevêques & Evêques, à peine de punition exemplaire. Et fera le prefent Arreft executé, nonobftant oppofitions ou appellations quelconques, dont fi aucunes interviennent, Sa Majefté s'eft refervé la connoiffance & à fon Confeil, & interdit à toutes fes Cours & Juges. F A I T au Confeil d'Etat du Roy, Sa Majefté y étant, tenu à faint Germain en Laye, le 23. Octobre 1668. Signé, DE LIONNE.

---

# BREF DE CLEMENT IX.
## AUX QUATRE EVÊQUES.

Venerabilibus Fratribus, Henrico Arnaldo Andegavenfi, Nicolao Choart Belvacenfi, Francifco Stephano Apamienfi, & Nicolao Pavillon Alectenfi Epifcopis.

A nos Venerables Freres Henry Arnauld Evêque d'Angers, Nicolas Choart Evêque de Beauvais; François Eftienne Caulet Evêque de Pamiers, & Nicolas Pavillon, Evêque d'Alet.

### CLEMENS PAPA IX.

### CLEMENT PAPE IX.

VEnerabiles Fratres falutem. Venerabilis Frater Archiepifcopus Thebarum Nuncius iftic nofter mifit ad nos elapfis diebus fraternitatum veftrarum Epiftolam, in quâ cum ingenti obfequii nobis & huic fanéte Sedi per vos debiti teftatione fignifi-

VEnerables Freres, Salut & Benediction Apoftolique. Nôtre venerable Frere l'Archevêque de Thebes nôtre Nonce à la Cour de France, nous a envoïé ces jours paffez la Lettre de vos Fraternitez, par laquelle vous nous faifiez connoître avec de grandes marques *cabatis vos juxtà præscriptum Litterarum Apostolicarum à felicis recordationis prædecessoribus nostris Innocentio X. & Alexandro V I I. emanatarum sincerè subscripisse & subscribi fecisse Formulario in ejusdem Alexandri V I I. Litteris edito. Etsi autem quædam de hac re secùs circumlata occasionem nobis præbuerunt in tam gravi negotio seriùs procedendi ( nam dictorum prædecessorum nostrorum Constitutionibus firmissimè inhærentes , nullam circà illud exceptionem aut restrictionem admissuri unquàm fuissemus ) in præsens tamen cum nova & gravia istinc documenta veræ & totalis obedientiæ vestræ, quâ & Formulario sincerè subscripsistis & damnatis absque ullâ exceptione aut restrictione quinque propositionibus in omnibus sensibus , in quibus à Sede Apostolicâ damnatæ fuerunt , alieni prorsùs estis à renovandis in hac re erroribus illis, qui ab eâdem damnati sunt , tribuere vobis volumus hoc paternæ benevolentiæ nostræ argumentum. Fidentes plané divinæ gratiæ ac virtuti & pietati vestræ, quod omni conatu facturi sitis in posterùm ut sinceræ obedientiæ ac submissionis à vobis in hoc actu nobis præstitæ, plenitudo semper magis appareat , doctrinam & probitatem vestram in id potissimùm adhibentes ut unà cum obsequio nobis & huic sanctæ Sedi per vos debito , Catholicam veritatem firmiter tueamini. Zelo curæque Pontificis sedulò cooperantes in extirpando ab Ecclesia Dei novitates omnes*

de la soûmission que vous devez à nôtre Personne & au saint Siege, que conformément à ce qui est prescrit par les Lettres Apostoliques émanées de nos Prédecesseurs d'heureuse memoire Innocent X. & Alexandre VII. vous aviez souscrit sincerement & fait souscrire le Formulaire contenu dans les Lettres du même Pape Alexandre VII. Et quoi qu'à l'occasion de certains bruits qui avoient couru, nous ayons crû devoir aller plus lentement en cette affaire ( *car nous n'aurions jamais admis à cet égard ni exception ni restriction quelconque, étant tresfortement attachez aux Constitutions de nosdits Prédécesseurs* ) présentement toutefois , aprés les assurances nouvelles & considérables qui nous font venuës de France, de la vraïe & parfaite obeïssance avec laquelle vous avez sincerement souscrit le Formulaire ; outre qu'aïant condamné sans aucune exception , ou restriction les cinq Propositions selon tous les sens dans lesquels elles ont été condamnées par le Siege Apostolique, vous étes infiniment éloignez de vouloir renouveller en cela les erreurs que ce même Siege y a condamnées ; Nous avons bien voulu vous donner ici une marque de nôtre bienveillance paternelle ; Nous assurant par la confiance que nous avons en la grace de Dieu , & dans vôtre vertu & vôtre piété, que vous n'oublirez rien à l'avenir pour nous donner de jour en jour de nouvelles preuves de la sincere obeïssance & soûmission que vous nous avez renduë en cette occasion. Vous ne manquerez pas non plus sans doute d'employer vôtre doctrine & vôtre piété prin-

*ac perturbationes fidelium animarum. Vobis venerabiles fratres Apostolicam benedictionem peramanter impertimur. Datum Romæ &c. die 19. Januarii 1669. Pontif. nostri anno 2°.*

cipalement à accompagner l'obeïssance que vous devez à nôtre Personne & au saint Siege, de la fermeté à défendre la vérité Catholique, en cooperant avec soin au zele & aux travaux des Papes pour arracher de l'Eglise de Dieu toute nouveauté, & tout ce qui peut troubler les ames des Fidéles. Nous vous donnons, vénerables Freres, avec beaucoup d'affection la Benediction Apostolique. DONNE' à Rome &c. le 19. de Janvier 1669. l'an second de nôtre Pontificat.

# BREF DE CLEMENT IX.
## AUX EVÊQUES MEDIATEURS.

*Venerabilibus Fratribus Archiepiscopo Senonensi, & Episcopis Catalaunensi & Laudunensi.*

*A nos venerables Freres l'Archevêque de Sens, & les Evêques de Châlons & de Laon.*

### CLEMENS PAPA IX.

*V Enerabiles Fratres salutem & Apostolicam benedictionem. Non sine lætitiæ sensu pervidimus etiam ex Litteris Fraternitatum vestrarum id quod à vobis priùs amplè significatum ac deinde iteratis gravibus documentis confirmatum fuit, de perfectâ ac integrâ obedientiâ nobis, & Apostolicæ sedi præstitâ per Episcopos Andegavensem, Bellovacensem, Apamiensem, & Alectensem, subscriptione Formularii sincero animo & juxtà præscriptum litterarum Apostolicarum ab eis factâ. Utque Caritatis*

### CLEMENT PAPE IX.

V Enerables Freres : nous avons vû avec joye par vos nouvelles Lettres ce que vous nous aviez déja mandé fort amplement, & qui nous a été depuis confirmé par des assurances réiterées & considerables, touchant l'entiere & parfaite obeïssance qu'ont renduë à nous & au S. Siege les Evêques d'Angers, de Pamiers & d'Alet, souscrivant le Formulaire sincerement & de la maniere qu'il est prescrit par les Lettres Apostoliques; & comme l'ardeur de la charité Apostolique, fait que nous aimons mieux avoir à user de clemence envers des personnes soû-

*Apostolicæ, fervore succensi potiùs ergà obedientes clementiâ, quam justitiâ in contumaces uti gaudemus; voluimus iis paternæ benevolentiæ nostræ argumenta præbere : Quæ profectò speciali mentis affectu cumulata vobis, venerabiles fratres, benevolentissimè tribuimus : sperantes utiquè fore ut doctrina & probitas vestra quæ nunc optimè merita est de Ecclesiâ universâ, cooperando huic debitæ submissioni ab illis Vicario in terris Jesu Christi ac ejusdem visibili Capiti reddita, cum plenâ & sincerâ executione Constitutionum Apostolicarum, etiam in posterùm eumdem prompti studii zelum adhibitura usque sit, in efficiendo quidquid quâvis ratione conferat ad extirpandas ab agro Domini zizanias omnium novitatum veritati Catholicæ & perfectæ fidelium unioni contrariarum. Tales animi verè Pii ac Religiosi in vobis laudes, & perpetuæ ac in dies etiam clariores eniteant ex animo precamur, fraternitatibus vestris Apostolicam benedictionem impertientes. Datum Romæ apud sanctam Mariam Majorem sub annulo Piscatoris die 19. Jan. 1669. Pontificatûs nostri anno secundo.*

mises, qu'à punir avec rigueur des rebelles, Nous avons bien voulu leur donner des marques d'une bienveillance Paternelle. Nous le faisons encore, mais avec une affection toute particuliere, à Vous nos venerables Freres, dans l'esperance que vôtre pieté & la droiture de vos intentions, par lesquelles vous venez de rendre un grand service à toute l'Eglise, en travaillant à obtenir d'eux la soûmission qu'ils devoient & qu'ils ont renduë au Vicaire de Jesus-Christ en Terre, & au Chef visible de l'Eglise avec une pleine & entiere execution des Bulles Apostoliques; que ces vertus, dis je, Vous feront encore agir dans la suite avec la même ferveur, & le même zele pour tout ce qui pourra servir à arracher du champ du Seigneur la zizanie de quelque nouveauté que ce soit, qui pourroit nuire à l'unité de l'Eglise & à la parfaite union des Fidéles. Nous prions Dieu qu'il vous fasse la grace d'avoir ainsi toûjours un cœur vraiment attaché à la Religion, d'en donner même de jour en jour des marques éclatantes, surquoy nous vous accordons nôtre Benediction Apostolique. DONNE' à Rome le 29. de Janvier 1669. la seconde année de nôtre Pontificat.

# ORDONNANCE
## DE MONSEIGNEUR L'EVÊQUE
## D'ANGERS.

*Portant suspense encouruë ipso facto , contre tous ceux qui feront , ou exigeront le serment sur la condamnation des cinq Propositions , sans distinguer le fait d'avec le droit.*

HENRY par la misericorde de Dieu , & par la grace du saint Siege Apostolique , Évêque d'Angers, aux Doyen, Syndic, & Docteurs de la Faculté de Theologie de cette Ville , Salut. Nous avons appris au retour du cours de nos Visites, que vous avez reçû une Lettre de Cachet du Roy , par laquelle Sa Majesté vous enjoint d'enregistrer sa Lettre du 14. Fevrier dernier, addressée au Chancelier de cette Université, Ordonne qu'on rétablira le serment qui avoit accoûtumé d'être fait par les Bacheliers , ou autres du Corps de ladite Université lors de leur Reception en icelle , sur le fait des cinq Propositions de Jansenius condamnées par les Papes : & d'autant que ladite Lettre n'a été obtenuë de Sa Majesté, que par la surprise qu'on luy a faite en luy exposant qu'on avoit coûtume d'exiger des Bacheliers , ou autres du Corps de vôtre Faculté, dans le serment qu'on leur fait faire lors de leur Reception la condamnation desdites Propositions , quoique le contraire soit d'une notorieté publique , & que dés le mois d'Avril 1669. Vous vous soyez opposez à l'addition que ledit Chancelier entreprit alors de faire de son autorité privée , à l'ancien serment, comme il paroît par l'Acte que vous en avez fait inserer sur vos Registres. Nous nous sommes donné l'honneur d'écrire à Sa Majesté , pour l'informer pleinement de la verité de ce fait ; ainsi qu'elle vous a témoigné le souhaiter , mais comme en attendant la réponse que Nous en esperons , & une declaration plus précise de son intention sur l'addition qu'on prétend faire à l'ancien serment, Nous apprenons que quelques-uns d'entre vous interpretent mal ladite Lettre de Cachet, voulant dans les Actes de Vesperies de la Doctorande de Buhigné, assignez à l'aprés-dîné de ce jour & demain matin, ajoûter à l'ancien serment non seulement la condamnation des cinq Propositions, mais même contre les véritables intentions de Sa Majesté mêler le fait de Jansenius, ce qui seroit donner lieu au renouvellement des contestations passées , & troubler la paix de l'Eglise que le Roy a tant de fois déclaré qu'il vouloit qu'on gardât inviolablement, & qui est fondée uniquement sur la distinction de la doctrine des cinq Propositions que tout le monde doit condamner, d'avec le fait de Jansenius, pour lequel il suffit de demeurer en un silence respectueux, tel que les autres Evêques nos Confreres, & Nous avons fait dans nos Procez verbaux , sur lesquels cette paix a été faite , & qui ayant été concertée avec Monsieur le Nonce, ne contient autre chose que l'intention de sa Sainteté même. Mais voulant de nôtre part contribuer à l'execution des desseins de Sa Majesté pour la conservation de la paix qu'elle a si heureusement donnée à l'Eglise , & en attendant qu'il luy plaise de déclarer plus précisément son intention touchant l'addition que quelques-uns prétendent faire à l'ancien serment de vôtre Faculté, Nous vous défendons en general , & à chacun de vous en particulier , d'exiger des Bacheliers, & autres de vôtre Corps lors de leur Reception , autre chose sur le sujet des cinq Propositions que la condamnation de la doctrine de cesdites Propositions , & une soûmission de discipline à l'égard du fait de Jansenius, qui consiste à demeurer sur ce point dans un silence respectueux ; & aux Bacheliers, & autres de faire le serment avec ladite condamnation, sans distinguer la doctrine desdites Propositions d'avec le fait de Jansenius, & ce sous peine de suspense encouruë *ipso facto* , tant par ceux qui auront exigé la condamnation de la doctrine desdites Propositions & du fait de Jansenius sans en faire la distinction cy-dessus, que par ceux qui auront fait ledit serment sans ladite distinction ; Ce qui sera signifié au Syndic de vôtre Faculté & autres à qui il appartiendra, & executé, nonobstant oppositions ou appellations quelconques, & sans préjudice d'icelle en mandant , &c. Donne à Angers sur les huit heures du matin, ce Lundy 4. de May 1676. Signé, Henry, Evêque d'Angers. *Et plus bas*, Par le Commandement de Monseigneur, Musard.

# ARREST DU CONSEIL D'ETAT,

Portant caſſation de l'Ordonnance cy-deſſus.

### Extrait des Regiſtres du Conſeil d'Etat.

LE ROY étant en ſon Conſeil ſe feroit fait rapporter l'Ordonnance du Sieur Evêque d'Angers du 4<sup>e</sup>. jour de May de l'année preſente, par laquelle pour éluder l'effet des Lettres que Sa Majeſté a écrites tant à l'Univerſité d'Angers qu'au Chancelier d'icelle, les 14. Fevrier & 16. Avril de la même année, touchant le rétabliſſement des ſermens à faire par les Bacheliers & autres du Corps de ladite Univerſité lors de leur reception en icelle, ſur le fait des cinq Propoſitions de Janſenius condamnées par les Papes, ſous prétexte que leſdites Lettres auroient été obtenuës par ſurpriſe, ledit Sieur Evêque défend en general, & a chacun des Suppots de ladite Univerſité en particulier, d'exiger autre choſe ſur le ſujet deſdites Propoſitions que la condamnation de la doctrine deſdites Propoſitions, & une ſoumiſſion à l'égard du fait de Janſenius, qui conſiſte, ainſi qu'il le declare, à demeurer ſur ce point dans un ſilence reſpectueux, & aux Bacheliers & autres de faire le ſerment avec ladite condamnation ſans diſtinguer la doctrine deſdites Propoſitions d'avec le fait deſdites Propoſitions, & ce ſous peine de ſuſpenſe encouruë *ipſo facto*, tant par ceux qui l'auroient exigé ſans faire cette diſtinction, que par ceux qui auroient fait ledit ſerment ſans que la diſtinction y fût inſerée, ce qu'il auroit voulu eſtre ſignifié au Syndic de la Faculté de Théologie, & autres qu'il appartiendra, executé nonobſtant oppoſitions ou appellations quelconques & ſans préjudice d'icelles, laquelle Ordonnance auroit été ſignifiée le même jour par ordre dudit Sieur Evêque au Chancelier de ladite Univerſité à ce qu'il n'en pretendît cauſe d'ignorance; & de laquelle Ordonnance Sa Majeſté auroit été d'autant plus ſurpriſe, qu'outre la deſobéiſſance manifeſte que ledit Sieur Evêque apporte à l'execution de ſes ordres, & le peu de difference qu'il y a entre ce qui eſt porté dans le ſerment que ledit Chancelier de l'Univerſité d'Angers a exigé des Bacheliers à la ſignature du Formulaire que ledit Sieur Evêque a envoyé au Pape Clement IX. il pretend encore autoriſer ladite Ordonnance ſur un fondement faux, pernicieux, & de dangereuſe conſequence, comme ſi non ſeulement on n'étoit plus obligé, mais même qu'il ne fût pas permis de ſigner le Formulaire ſur le fait des cinq Propoſitions de Janſenius dans la maniere que les Aſſemblées du Clergé, que les Bulles des Papes, & que les Lettres

Patentes de Sa Majesté & Arrest de son Conseil l'ont ordonné, & qu'il fût au pouvoir d'un Evêque, sous pretexte du nom de paix qu'il interpreteroit à sa mode, & dont il abuseroit manifestement, d'anéantir dans son Diocese le Formulaire, & la signature portée par les Constitutions Apostoliques reçûës, acceptées, ou publiées dans le Royaume, ou que la condescendance que le saint Siege a euë avec beaucoup de prudence en admettant quelques signatures du Formulaire avec quelque explication plus étenduë en faveur de quelques particuliers seulement, & pour les mettre à couvert de leur scrupule & des peines portées par lesdites Constitutions, étoit une revocation de la Bulle qui prescrit avec serment la signature dudit Formulaire sans faire mention de cette interpretation, & qu'elle dût être à l'avenir une Loi de necessité & de changement à la signature des Ecclesiastiques qui ont fait gloire de se soumettre purement & simplement à l'autorité du saint Siege, ce qui auroit paru d'autant plus injuste à Sadite Majesté que l'Ordonnance défendant de signer comme le Pape l'a prescrit à peine de suspension *ipso facto*, il s'ensuivroit de-là que ceux qui ont rendu & rendent journellement une prompte obéïssance aux Constitutions Apostoliques, au lieu des loüanges qu'ils ont meritées & meritent sans cesse en vertu de leur soumission, seroient exposés, même en faisant leur devoir, aux censures de l'Eglise qui ne peuvent jamais tomber que sur ceux qui ont assez de témerité pour desobéïr à ses Ordonnances. A joindre encore que dans une matiere ou tout est conforme à ce qui est contenu dans les Constitutions du saint Siege, que le Chancelier de ladite Université fait tous ses efforts pour mettre en pratique, Sa Majesté ne peut s'empêcher de donner sa protection à un Corps indépendant touchant la discipline de l'autorité dudit Sieur Evêque, dont elle est tout ensemble le fondateur & le protecteur. Vû le serment presenté aux Bacheliers, les Lettres de Cachet de Sa Majesté des 14. Fevrier & 16. Avril, l'Ordonnance du Sieur Evêque d'Angers en date du 4. May 1676. Acte de la signification de la susdite Ordonnance faite au Chancelier de ladite Université d'Angers : Oüy le Rapport, & tout consideré : SA MAJESTE' ESTANT EN SON CONSEIL, a cassé & annullé l'Ordonnance dudit Sieur Evêque d'Angers, & tout ce qui s'en est ensuivi, comme ayant été fait au préjudice des Constitutions Apostoliques reçûës & acceptées, Lettres Patentes enregistrées, & des Lettres de Cachet exprimées cy-dessus ; Ordonne Sa Majesté que lesdites Constitutions, Lettres Patentes & Lettres de Cachet seront executées selon leur forme & teneur, avec ordre aux Chancelier & autres Suppots de l'Université d'Angers d'y tenir la main ; & à l'égard du serment presenté aux Bacheliers, veut que dans un mois, à conter du jour de la signification du present Arrest, tant ledit Chancelier de ladite Université, que le Syndic de la Faculté de Théologie mettent

leurs demandes respectives entre les mains du Sieur Marquis de Châteauneuf
Secretaire d'Etat, pour le tout vû & rapporté à Sa Majesté estre par Elle
ordonné ce que de raison. Et sera le present Arrest executé nonobstant oppositions, ou appellations quelconques pour lesquelles ne sera differé, & si aucunes interviennent, Sa Majesté s'en reserve la connoissance, & icelle interdit à
toutes ses Cours & Juges, & cependant sera ledit Arrest enregistré à la diligence
dudit Chancelier & Syndic dans les Registres de l'Université dont ils seront
obligez d'informer Sa Majesté dans le tems dudit mois pour toutes les préfixions
& delais. Fait au Conseil d'Etat du Roy, Sa Majesté y étant, tenu au Camp prés
Ninove le trentiéme May mil six cens soixante & seize. Signé, PHELYPEAUX.

48

9 782019 224936